ARTICLES

EXTRAITS DE

DIVERS JOURNAUX DE PARIS

Et relatifs à l'Administration

DE M. LE VICOMTE

DESBASSAYNS DE RICHEMONT,

DANS LES ÉTABLISSEMENS FRANÇAIS DE L'INDE.

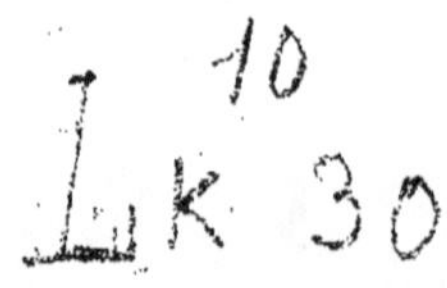

ARTICLES

EXTRAITS

DE DIVERS JOURNAUX DE PARIS,

ET RELATIFS A L'ADMINISTRATION

DE M. LE VICOMTE

DESBASSAYNS DE RICHEMONT,

DANS LES ÉTABLISSEMENS FRANÇAIS DE L'INDE.

———⬤⬤⬤———

GAZETTE DES TRIBUNAUX

Du 20 Décembre 1828

———⬤⬤⬤———

COUR ROYALE DE PONDICHÉRY.

Audience du 2 août 1828 (1).

L'audience est ouverte sous la présidence de M. le vicomte Desbassayns de Richemont, administrateur-général des établissemens français dans l'Inde.

———

(1) On n'a pas oublié que les journaux français reproduisirent. dans le cours de l'année dernière, un article d'une gazette anglaise

Après l'entérinement de lettres de grâce accordées à divers condamnés, et l'enregistrement de plusieurs ordonnances locales, le greffier donne lecture : 1o de deux dépêches ministérielles, dont l'une accorde à M. Desbassayns un congé pour retourner en France, et l'autre lui annonce que S. M. a daigné l'appeler à siéger au Conseil-d'état en qualité de maître des requêtes ; 2° d'une ordonnance locale par laquelle M. le vicomte Desbassayns nomme M. Scipion, commissaire de marine, aux fonctions d'administrateur-général par *interim.*

Immédiatement après cette lecture, M. le vicomte Desbassayns prend la parole et s'exprime ainsi :

« Messieurs,

» Lorsqu'au mois de janvier dernier, je me plaisais à vous tracer le tableau des actes de mon administration et à vous faire part des projets que j'avais conçus pour la prospérité de cette colonie, je m'attendais bien peu à venir six mois après dans cette enceinte vous adresser mes adieux. Heureux de l'avenir qui s'ouvrait devant moi, j'avais alors oublié les prières que dans les momens d'angoises j'avais adressées à ma famille et qui ont été trop bien exaucées.

» Ainsi que vous l'avez entendu, S. Exc. le ministre de la marine et des colonies m'a d'abord, sur la demande de mes parens, accordé un congé pour aller rétablir ma santé en Europe, et peu de temps après, S. M. a daigné me donner le témoignage le plus flatteur de sa satisfaction royale en m'appelant à siéger dans son conseil.

» Cependant, Messieurs, je dissimulerais mes sen-

---

contre l'administrateur-général des établissemens français dans l'Inde. Cette circonstance ajoute encore à l'importance de ces documens, que nous venons de recevoir de cette colonie, où nous avons établi une correspondance, dont nos lecteurs apprécieront bientôt toute l'utilité et tout l'intérêt.   (*Note du rédacteur.*)

timens si je vous disais que je quitte sans regret cette colonie. Hélas! l'homme sait bien peu lire dans l'avenir, et lorsque je ne pensais qu'au bonheur d'aller dans le sein de ma famille oublier les souffrances et les chagrins auxquels j'étais en proie, j'étais loin de prévoir que dix-huit mois après, les témoignages d'attachement et d'estime que vous m'avez donnés rendraient notre séparation si douloureuse.

» Je pars, laissant après moi de nombreuses créations; déjà, j'ose le dire, elles ont produit plus que des espérances, le temps et la persévérance en féconderont encore les résultats; toutefois, j'ai voulu mettre à profit le peu d'instans qui me restaient à passer parmi vous. Mes dernières veilles ont été consacrées à rendre les nombreuses ordonnances que je viens de faire enregistrer, et à rédiger les instructions que la confiance du ministre m'a appelé à donner à mon successeur, et dans lesquelles j'ai inséré, sans réserve, toutes les idées que je m'étais formées pour votre bonheur.

» Puissent-elles être réalisées! J'en aurais la certitude si j'étais définitivement remplacé par le digne ami qui va bientôt occuper ce siége, et dont les vues et les principes sont identiques avec les miens; mais ignorant encore jusqu'au nom de mon successeur, je ne puis que me reposer avec confiance dans l'auguste sollicitude du monarque, auquel les établissemens de l'Inde sont déjà redevables de tant de bienfaits; mes espérances se reportent aussi sur les magistrats et les fonctionnaires qui m'entourent, dont la capacité, le zèle, le bon esprit, le dévouement, l'amitié, ont été pour moi un appui constant et un moyen si puissant de succès.

» Quoiqu'il en soit, Messieurs, croyez que dans la carrière nouvelle que je suis appelé à parcourir, ma voix ne sera point muette en faveur des habitans de l'Inde française. Les soins que je me suis donnés pour l'administration de Pondichéry auraient suffi pour m'attacher à cette colonie ; mais un lien bien plus fort et bien plus durable m'unit à vous, c'est celui de la reconnaissance : oui, Messieurs, si les premiers pas de ma carrière administrative dans ce pays ont été marqués par des chagrins amers, vous m'y avez fait éprouver, depuis lors, les émotions les plus douces. Unique exemple, peut-être dans l'histoire des colonies : deux ans ont vu une révolution physique et morale tentée par un administrateur, consommée avec fermeté et énergie, et bientôt appréciée...... j'allais dire unanimement.... mais pourquoi rappeler de pénibles souvenirs ? Jetons un voile sur le passé; *union et oubli!* telle est la devise du meilleur des rois, telle doit être aussi le cri de ralliement de ses enfans de Pondichéry. »

M. Moiroud, avocat-général, faisant fonctions de procureur-général, s'est levé, et a répondu en ces termes :

« Monsieur l'administrateur-général, et Messieurs de la Cour,

» Nous connaissions depuis long-temps l'objet de la communication qui vient de nous être faite, et nous devions, en quelque sorte, y être préparés. Pourquoi donc nous cause-t-elle une émotion si vive ?..... Il n'est que trop vrai, Messieurs, Pondichéry perd son administrateur ; nous le voyons parmi nous pour la dernière fois, et c'est à moi qu'était réservé le triste devoir d'être l'organe des regrets publics dans ces adieux solennels. Mais quelque douloureux que soient les sentimens qui se pressent dans mon cœur, j'éprouve quelque consolation à les exprimer publiquement à M. l'administrateur-général dans une circonstance qui, du moins, lui répondra de leur sincérité.

» Au moment d'une pénible séparation, sera-ce par des paroles que je chercherai à lui peindre notre reconnaissance et nos regrets? Non, Messieurs; il est des hommages plus dignes du chef que nous perdons. Heureux l'homme public qui, comme lui, en déposant un grand pouvoir, trouve son plus bel éloge dans le simple récit de l'usage qu'il en a fait!

» Pondichéry se relevant de ses ruines, et prenant de toutes parts un aspect qui rappelle les jours de sa splendeur; l'industrie manufacturière et agricole sortant d'un long sommeil à la voix d'un administrateur qui lui prodigue les plus généreux encouragemens; son réveil annoncé par de premiers succès qui promettent à Pondichéry, sinon le retour de son ancienne puissance, au moins le retour de son ancienne prospérité; le mode de possession des terres assis enfin sur une législation fixe qui, en augmentant tout à la fois les revenus publics et la fortune des cultivateurs, a résolu, sur cette matière, le plus important et le plus difficile de tous les problèmes d'économie politique; l'enseignement public, créé, et établi pour toutes les classes de la population sur des bases qui assurent à l'Inde française une génération capable de lui rendre quelque éclat; la morale publique restaurée, la loi substituée à l'arbitraire, et la justice à la faveur; la protection accordée au faible, et le peuple indien arraché enfin à l'oppression sous laquelle il gémissait depuis si longtemps; voilà, Messieurs, voilà les actes qui signalent M. le vicomte Desbassayns à l'estime publique; voilà les bienfaits qui justifient notre douleur à son départ; voilà les titres qui attachent son nom à la colonie, et qui l'y feront respecter et chérir tant que la reconnaissance aura quelqu'empire sur le cœur de ses habitans.

» Dans ce tableau rapide, je n'ai fait qu'indiquer, à grands traits, les sommités d'une administration bienfaisante et libérale. Personne n'ignore avec quels soins, quelle persévérance les moindres détails en ont été suivis; cette foule d'établissemens utiles, créés depuis deux ans, attestent qu'aucun des besoins publics n'a échappé à sa vigilance, et que sa sollicitude est allée au devant de tout ce qui était propre à régénérer le pays.

» A la vue de tout ce qui a été fait, on s'étonne que deux années aient pu suffire à la conception et à l'exécution de si vastes travaux; mais quand on vient à considérer que pour les accomplir il a fallu vaincre la force d'inertie que l'esprit de routine oppose à toute amélioration; qu'il a fallu triompher de ces mœurs immobiles que l'intérêt personnel même parvient rarement à ébranler, l'étonnement alors est à son comble, et la vérité passerait la croyance si l'on ne savait pas quelle énergie, quelle puissance d'entraînement peut trouver un noble cœur dans l'amour du bien public, la plus généreuse, la plus sublime de toutes les passions.

» Que si, dans la régénération complète d'une colonie mourante, quelques espérances déçues, quelques amours-propres blessés, quelques intérêts froissés peut-être ont fait entendre leurs plaintes amères, et sont venus troubler un concert de louanges, nous, étranger au pays, nous qui, n'ayant trouvé en France que des opinions contradictoires, avons voulu voir de nos propres yeux avant de fixer la nôtre; nous qui ne subissons ici d'autre influence que celle de la justice et de l'honneur, nous n'hésitons point à dire : «Honte à l'égoïsme pour qui l'intérêt général est un mot vide de sens, et qui ne sait pas voir la patrie ailleurs que dans son coffre-fort! et gloire à l'administrateur qui, pour arriver à de grands et utiles résultats, a su briser une résistance coupable, et mépriser d'orgueilleuses prétentions!»

» Je vous ai montré, Messieurs, l'homme public dans l'exercice de ses hautes fonctions; qu'il me soit permis de jeter un regard sur l'homme privé : vous connaissez tous cet abord franc et ouvert, ce carac-

tere si loyal et si généreux. Que de fois n'avez-vous
pas vu la bienfaisance de M. Desbassayns s'empresser
de sécher les pleurs que la justice de l'administrateur-général avait fait couler! C'est à vous tous que
j'en appelle, Français de l'Inde ou Français d'Europe, nationaux ou étrangers; qui de vous l'a ap-
proché sans voir disparaître à l'instant les préven-
tions que la malveillance avait pris soin de répandre
sur votre route? Qui de vous a trouvé en lui ce des-
pote intraitable, signalé comme tel par des faussaires
dans une correspondance simulée et dans des écrits
anonymes? Qui de vous enfin a pu le connaître sans
l'aimer?

» A ce moment suprême qui va nous séparer de
vous, M. le vicomte, recevez nos derniers hommages et nos derniers adieux : allez, dans les em-
brassemens d'une famille dont vous êtes l'orgueil,
recevoir la plus douce récompense de vos travaux,
et oublier que trop souvent l'ingratitude en fut le
prix; si parfois ce souvenir venait affliger votre
cœur, rappelez-vous alors les derniers temps de
votre séjour à Pondichéry; rappelez-vous surtout
que les pleurs de tout ce qui est faible et pauvre
ont coulé à votre départ. Soyez heureux et fier,
Monsieur, de ces témoignages d'affection; ce sont
ceux sans doute que vous avez le plus ambitionnés;
et pour une âme comme la vôtre, les bénédictions
qui s'échappent d'une chaumiére ont plus de prix
encore que les suffrages qui sortent des palais.

» Si la calomnie qui veut tout flétrir parce qu'elle
vient d'une source flétrie, si l'envie qui s'attache à
tout ce qui est grand et utile, cherchaient encore à
vous atteindre, n'en doutez pas, Monsieur, tout ce
qu'il y a ici d'âmes généreuses et de voix honorables,
s'élèverait spontanément, non pas pour vous défendre et vous justifier, mais pour confondre et dé-
vouer à l'opprobre les auteurs, quels qu'ils soient, de
ces lâches et honteuses menées.

» Allez donc servir la patrie dans les honorables fonctions où la confiance du Roi vous appelle ; mais dans votre éloignement souvenez-vous que vous laissez ici des cœurs reconnaissans ; les vœux d'une population entière vous accompagneront.

» Et nous, magistrats, cherchons notre consolation dans la certitude que, malgré son éloignement, le chef que nous regrettons sera, dans les conseils de notre auguste monarque l'interprête des vœux et le défenseur des intérêts de notre colonie ; s'il est vrai que le bienfait attache le bienfaiteur, Pondichéry ne peut jamais devenir étranger à M. le vicomte Desbassayns.

» Nous requérons qu'il plaise à la Cour ordonner la transcription sur les registres et en la forme accoutumée, de l'ordonnance dont elle vient d'entendre la lecture, pour être exécutée selon sa forme et teneur ; et nous avons l'honneur de présenter au serment qu'il désire prêter entre les mains de la Cour, M. Scipion, appelé aux fonctions d'administeur général par *intérim*. »

Ce discours du chef de la magistrature de cette colonie, homme aussi connu par l'indépendance de son caractère que par les profondes connaissances en jurisprudence dont il a fait preuve comme professeur à l'Ecole de Droit de Paris, a laissé dans les esprits une vive impression.

Après la prestation du serment, M. Scipion remplace M. Desbassayns au fauteuil, et déclare que l'audience est levée.

Cet article de la Gazette des Tribunaux ne présente pas textuellement les deux discours prononcés à la Cour royale de Pondichéry ; lus dans leur ensemble, ils auraient encore offert plus d'intérêt.

Le Moniteur du 21 décembre a reproduit en entier l'article de la Gazette des Tribunaux.

JOURNAL DES DÉBATS

Du 21 Décembre.

L'année dernière, sur le témoignage d'une gazette anglaise, nous avions dû accueillir de fâcheux rapports contre l'administration de M. le vicomte Desbassayns, dans nos établissemens de l'Inde. Comme il ne s'agissait rien moins que d'injustices criantes, de révoltantes tyrannies, nous ne pensions pas qu'une feuille étrangère pût hasarder, dans un but seulement calomnieux, d'aussi graves assertions, et nous avions vivement demandé qu'il en fût fait justice. Voici d'importans documens qui nous viennent de Pondichéry, et démentent hautement les imputations de la feuille anglaise; voici un magistrat français, d'une notoire indépendance, qui justifie solennellement M. Desbassayns, et lui rend, en pleine audience, au nom de la colonie, d'éclatantes actions de grâces. Nous nous félicitons de pouvoir offrir, à l'administrateur réhabilité, une pleine et sincère réparation. Notre confiance au témoignage d'un magistrat compatriote, est d'autant plus douce et plus complète, que l'homme que nous avions involontairement accusé dans notre feuille, est parent d'un ministre long-temps et vivement attaqué par nous, pour des actes dont la responsabilité n'a jamais dû peser sur sa famille.

Nous nous empressons de communiquer à nos lecteurs l'éloquente justification de M. le vicomte Desbassayns, heureux de réparer publiquement un tort qui s'explique et s'excuse par l'amertume que nous donnaient de mauvais temps.....

M. le vicomte Desbassayns, qui a été nommé, comme chacun sait, aux fonctions de maître des requêtes, et a obtenu du Roi un congé pour retourner en France, a fait, dans une séance de la Cour royale de Pondichéry, de touchans adieux aux magistrats de cette Cour. Après cette allocution, M. Moiroud, avocat-général, ancien professeur à l'Ecole de Droit de Paris, s'est levé et a répondu en ces termes.

(Suit le discours de l'avocat-général.)

La GAZETTE DE FRANCE du 21 décembre a répété l'article du JOURNAL DES DÉBATS.

CONSTITUTIONNEL

Du 21 Décembre.

On se rappelle que les journaux de Paris publièrent, dans le cours de l'année dernière, un article d'une gazette anglaise contre l'administrateur général des établissemens français dans l'Inde. L'impartialité à laquelle, en toute circonstance, nous tenons a rester fidèles, nous fait un devoir de reproduire les documens que nous trouvons aujourd'hui dans la *Gazette des Tribunaux*, et de les opposer à ce que M. l'avocat-général de Pondichéry a signalé comme *une correspondance simulée*, dont les auteurs ont été par lui qualifiés de *faussaires*.

C'est le 2 août 1828 que la Cour royale de Pondichéry a tenu l'audience d'installation du nouvel administrateur-général par *interim*. M. le vicomte Desbassayns de Richemont a prononcé un discours d'adieu qui se termine ainsi : Unique exemple, peut-être, dans l'histoire des colonies, deux ans ont vu une révolution physique et morale tentée par un administrateur, consommée avec fermeté et énergie, et bientôt appréciée...., j'allais dire un armement....; mais pourquoi rappeler de pénibles souvenirs ? Jetons un voile sur le passé : *union et oubli!* Telle est la devise du meilleur des Rois; tel doit être aussi le cri de ralliement de ses enfans de Pondichéry. »

M. Moiroud, avocat-général, faisant fonctions de procureur-général, a répondu par un discours digne, sous plus d'un rapport , de fixer l'attention publique :

« Pondichéry se relevant de ses ruines, a dit ce magistrat, et prenant de toutes parts un aspect qui rappelle les jours de sa splendeur; l'industrie manufacturière et agricole sortant d'un long sommeil à la voix d'un administrateur qui lui prodigue les plus généreux encouragemens; son réveil annoncé par de premiers succès qui promettent à Pondichéry, sinon le retour de son ancienne puissance, au moins le retour de son ancienne prospérité; le mode de possession des terres assis enfin sur une législation fixe qui, en augmentant tout à la fois les revenus publics et la fortune des cultivateurs , a résolu, sur cette matière, le plus important et le plus difficile de tous les problèmes d'économie politique; l'enseignement public, le premier des besoins sociaux (et dont, pourtant, le nom même était presque oublié à Pondichéry), l'enseignement public créé, et établi pour toutes les classes de la population sur des bases qui assurent à l'Inde française une génération capable de lui rendre quelque éclat; la morale publique restaurée, la loi substituée à l'arbitraire et la justice à la faveur; la protection accordée au faible, et le peuple indien arraché enfin à l'oppression sous laquelle il gémissait depuis si longtemps; voilà, Messieurs, voilà les actes qui signalent M. le vicomte Desbassayns à l'estime publique ; voilà les bienfaits qui justifient notre douleur à son départ; voilà les titres qui attachent son nom à la colonie, et qui l'y feront respecter et chérir tant que la reconnaissance aura quelqu'empire sur le cœur de ses habitans. »

Plus loin, M. l'avocat général déclare que, pour accomplir en deux années de si vastes travaux, il a fallu vaincre *la force d'inertie que l'esprit de routine oppose à toute amélioration*, et il s'écrie : « Honte à l'égoïsme pour qui l'intérêt général est un mot vide de sens, et qui ne sait pas voir la patrie ailleurs que dans son coffre-fort! gloire à l'administrateur qui, pour arriver à de grands et utiles résultats, a su briser une résistance coupable et *mépriser d'orgueilleuses prétentions!* » Enfin il ajoute, en s'adressant à M. le vicomte Desbassayns : « Rappelez-vous surtout que les pleurs *de tout ce qui est faible et pauvre* ont coulé à votre départ. Soyez heureux et fier, Monsieur, de ces témoignages d'affection; ce sont ceux sans doute que vous avec les plus ambitionnés, car pour un âme comme la vôtre, les bénédictions qui s'échappent d'une chaumière ont plus de prix encore que les suffrages qui sortent des palais. »

La *Gazette des Tribunaux* dit que ces paroles du chef de la magistrature de cette colonie, homme aussi connu par l'indépendance de son caractère que par les profondes connaissances dont il a fait preuve comme professeur de l'école de droit de Paris, ont laissé dans les esprits une vive impression. Nous ajouterons qu'elles ne peuvent manquer de produire aussi beaucoup de sensation en Europe, parce qu'elles donnent à penser qu'il y a aussi à Pondichéry une faction amie des abus, ennemie de la civilisation, et que M. Desbassayns aurait encouru sa haine et aurait été en butte à *ses lâches et honteuses menées* (paroles de M. l'avocat-général) *pour avoir brisé sa coupable résistance et méprisé ses orgueilleuses prétentions.*

MESSAGER DES CHAMBRES

Du 22 Décembre.

Plusieurs journaux anglais avaient répandu l'année dernière de fâcheux rapports sur l'administration de M. le vicomte Desbassayns dans nos établissemens de l'Inde. Des documens de Pondichéry démentent hautement les imputations de ces feuilles, et nous apprennent qu'un magistrat français, d'une indépendance reconnue, M. Moiroud, avocat-général, ancien professeur à l'école de droit de Paris, vient de rendre en pleine audience, au nom de la colonie, d'éclatantes actions de grâce à M. Desbassayns. Ces actions de grâce, vivement appuyées par tout ce qu'il y avait d'auditeurs et d'administrés, prouvent suffisamment que les accusations des feuilles anglaises n'étaient que calomnieuses.

COURRIER FRANÇAIS

Du 22 Décembre.

La *Gazette des Tribunaux* contenait hier le compte rendu de la séance de la Cour royale de Pondichéry, dans laquelle M. le vicomte Desbassayns a fait ses adieux à cette colonie dont il cesse d'être gouverneur. M. Moiroud, avocat-général, ancien professeur à l'école de droit de Paris, a répondu à ce discours. Il a retracé avec une éloquence chaleu-

reuse les services rendus à la colonie par M. Desbassayns, la reconnaissance et l'affection qu'il avait
inspirées aux habitans, les regrets que leur cause
son départ.

« Pondichéry, dit-il, se relevant de ses ruines, et prenant de toutes parts un aspect qui rappelle les jours
de sa splendeur; l'industrie manufacturière et agricole sortant d'un long sommeil à la voix d'un administrateur qui lui prodigue les plus généreux encouragemens; son réveil annoncé par les premiers
succès qui promettent à Pondichéry, sinon le retour
de son ancienne puissance, au moins le retour de
son ancienne prospérité; le mode de possession des
terres assis enfin sur une législation fixe qui, en
augmentant tout à la fois les revenus publics et la
fortune des cultivateurs, a résolu, sur cette matière,
le plus important et le plus difficile de tous les pro-
blêmes d'économie politique; l'enseignement public,
le premier des besoins sociaux (et dont, pourtant
le nom même était presque oublié à Pondichéry),
l'enseignement public créé, et établi pour toutes les
classes de la population sur des bases qui assurent
à l'Inde française une génération capable de lui
rendre quelque éclat; la morale publique restaurée,
la loi substituée à l'arbitraire, et la justice à la faveur; la protection accordée au faible, et le peuple
indien arraché enfin à l'oppression sous laquelle il
gémissait depuis si long-temps : voilà, Messieurs,
voilà les actes qui signalent M. le vicomte Desbassayns
à l'estime publique; voilà les bienfaits qui justifient
notre douleur à son départ; voilà les titres qui attachent son nom à la colonie et qui l'y feront respecter
et chérir tant que la reconnaissance aura quelque
empire sur le cœur de ses habitans. »

Après ce tableau rapide, M. Moiroud a adressé à
M. Desbassayns les derniers hommages de la colonie,
les adieux et les bénédictions de ses habitans. Ces
paroles du chef de la magistrature connu par l'in-

dépendance de son caractère, la noblesse et l'éléva-
tion de ses sentimens autant que par ses profondes
connaissances en jurisprudence, ont produit une
vive sensation. L'équité nous faisait un devoir de
les mentionner ici, puisque, induits en erreur par
les journaux anglais, nous avions rapporté sur l'administration de M. Desbassayns des allégations qui
se trouvent complètement démenties par les témoignages d'estime et d'affection dont il a été entouré
à son départ.

JOURNAL DU COMMERCE

Du 19 Janvier 1829.

Nous avons publié, il y a quinze jours, des réflexions sévères sur l'administration de M. le vicomte
Desbassayns de Richemont, à Pondichéry. Nous n'a-
vions d'autre but, en publiant ces réflexions, que
de défendre autant qu'il était en nous, la cause de
plusieurs de nos concitoyens éloignés; nulle autre
considération n'a guidé notre plume, que celle de
l'intérêt que nous croyions devoir à des Français qui
recouraient à nous. Aujourd'hui, de nouveaux documens officiels et non officiels nous sont commu-
niqués par des amis de M. le vicomte Desbassayns :
ces documens sont tous à son avantage, et nous
nous faisons un devoir de le reconnaître avec la
même impartialité qui nous avait disposé à accueillir
les plaintes portées contre lui. Des adresses nombreuses, signées par une foule d'habitans de toutes
les conditions, attestent que M. le vicomte de Richemont a fait rendre justice sévère à chacun, sans
distinction de caste ni de couleur, qu'il a fondé

plusieurs établissemens de bienfaisance, protégé l'enseignement public, encouragé l'agriculture et l'industrie. Sans doute, au milieu des difficultés de sa position, ayant eu beaucoup d'obstacles à vaincre, il a dû faire des mécontens; mais les documens que ses amis ont bien voulu nous communiquer, témoignent hautement des regrets que son départ a fait naître, et des souvenirs honorables qu'il a laissés à Pondichéry.

IMPRIMERIE DE GOETSCHY , RUE LOUIS-LE-GRAND , N° 27.